Friedel Scheede

Chi-Gong-Lauf

oder Breath-Walk

www.tredition.de

© 2016 Friedel Scheede

Verlag: tredition GmbH, Hamburg

ISBN
Paperback: 978-3-7345-2789-0
Hardcover: 978-3-7345-2790-6
e-Book: 978-3-7345-2791-3

Printed in Germany

Chi-Gong-Lauf©

oder

Breath-walk

Friedel Scheede

Chi-Gong-Lauf©

Anleitung um Stress abzubauen, gesünder, gelassener zu werden, um Ziele zu erreichen und neue Herausforderungen zu meistern.

Friedel Scheede ein Porträt:

Friedel Scheede wurde in Biblis geboren, als Meister agiert er in verschiedenen Betrieben. Vom Techniker zum Geschäftsführer, betreute er zuletzt Vertriebspartner für namhaften Gerätehersteller. Parallel dazu hat er die letzten 25 Jahre als Trainer in mehreren großen namhaften Unternehmen Deutschlands, Menschen zum Verkauf motiviert und somit die Grundlagen für seine spätere Tätigkeit als Vertriebstrainer mit ganzheitlichem Ansatz gelegt. Vom Verkäufer zum Coach. Aus der Praxis bis hin zur zielgerichteten Umsetzung. Heute gilt er als Experte für Einstellungs- Umsetzungs-Trainings sowie Mental- Trainings. Zahlreiche Seminare unterstreichen seine Arbeit. Für Friedel Scheede bedeutet nur angewandte Praxis - Macht. Darum ist es wichtig, die Menschen im Unternehmen von der reinen Wissensvermittlung über die Praxis zur aktiven Einstellung und Umsetzung zu coachen. Auf Messen und Großveranstaltungen in Industrie und Wirtschaft versteht es Friedel Scheede, auch mit seiner Art der Darstellung, neue Maßstäbe zu setzen.

Friedel Scheede erhielt mit dem Zertifikat im Mai 2002 als einer der ersten deutschen Trainer die Zertifizierung zum "Certified Sales Professional" von der offiziellen Qualitätsgemeinschaft internationaler Wirtschaftstrainer und Berater e. V. (Q-Pool). Die Trainer Group mit ca. 100

Trainern wurde für ihre praxisnahen und messbaren Trainings bereits mehrmals mit den Trainingspreisen z.B. vom BDVT (Bund dt. Verkaufsförderer und Trainer) und weiteren Weiterbildung- & Innovations-Preisen ausgezeichnet.
Bereits 2002 wurde Friedel Scheede zu weltweit einem der 5 zertifizierten Business Chi Gong Mastertrainer ausgezeichnet.

„Denn nur wer die mentale Stärke hat und den Stress abbaut ist erfolgreich"!

Seine Maxime:

Wenn es stürmisch wird im Geschäft,
bauen die Einen Mauern, die Anderen Windmühlen

Friedel Scheede
Business Chi-Gong Master

Inhaltsverzeichnis

Seite

Einleitung 14
Fingerübungen 15
Die Kunst des Atmens 17
Training 1. Phase 22
Training 2. Phase 27
Training 3. Phase 29

Übungen zu den Phasen

Zum Himmel strecken 30
Die Flügel ausbreiten 32
Die Flügel ausbreiten 2 35
Die Erde begrüßen 37
Den Himmel stemmen 40
Nachfühlen 43
Nachfühlen 2 stehende Meditation 44
Begriffe / Erklärungen 47
Chakras 58
Notizen 63

Einleitung
"Anders als beim normalen Spazierengehen oder Walking wird beim Chi-Gong-Lauf das bewusste Atmen geübt".

Empfehlung:
Wenn Sie bereits Chi-Gong gelernt haben, fällt ihnen der Einstieg und die Umsetzung besonders leicht.

Der Breathwalk-Erfinders Yogi Bhajan legte die Grundlagen für diese Sportart, die seit 2011 in den USA immer beliebter wurde.
Nun gibt es diese Kursangebote auch in Deutschland
(www.Chi-Gong.eu)

"Der Sport ist nicht neu".
"Er greift auf Jahrtausende alte Erkenntnisse aus dem Yoga und Chi-Gong zurück."
Ziel sei es, die Energie-Reserven im Körper zu mobilisieren, die Sinne zu schärfen, Stress abzubauen oder einfach düstere Stimmung aufzuhellen.
Eine Kurseinheit dauert etwa 90 - 120 Minuten.

Die Teilnehmer treffen sich in freier Natur, erwärmen sich mit leicht zu erlernenden Chi-Gong- und Atem-übungen.
Wenn die Übungen verinnerlicht sind, beginnt das Laufen.

Mit Laufen / Walken ist das schnelle Gehen gemeint, bei dem jeder sein individuelles Schritt - Tempo einhält.
Das Lauftempo ist etwas schneller als Spazierengehen…

(Alternativ kann dies auch Indoor z.B. auf dem Laufband ausgeführt werden.)

Fingerübungen:

Währenddessen sollen bestimmte Fingerübungen Akupunkturpunkte stimulieren und die Durchblutung fördern.
Dabei werden spezielle Silben, so genannte
Mantren, **z. B. SA-TA-NA-MA**
ausgesprochen, die die Konzentration verbessern.
Alternativ: ist es auch möglich anstatt den Mantren mit den Fingern abzuzählen. 1-2-3-4…
Anschließend folgt der Meditationsteil.

Auch bei Medizinern finden die Elemente des Chi-Gong-Lauf`s Anklang.
"Laufen ist gut für das Herz-Kreislauf-System, den Stoffwechsel und die hormonelle Steuerung. Meditation verbessert die Konzentrationsfähigkeit und baut Stress ab",
sagt Wildor Hollmann, Ehrenpräsident des Weltverbandes für Sportmedizin.

Chi-Gong empfiehlt der Internist auch zur Besserung den Atemwegserkrankungen.
Sie müssen dazu auch keinen orangefarbenen Umhang tragen.

– *Ihr bequemer Trainingsanzug reicht.*
– *Im Winter eignet sich besonders Funktionskleidung aus modernen Materialien, die gleichzeitig wärmen und die Feuchtigkeit vom Körper ableiten.*
– *Natürlich auch Indoor auf dem Laufband möglich.*

Dann verliert auch das neblig-graue Wetter seinen Schrecken.

Die Kunst des Atmens

Atmen kann jeder – das ist richtig.
Doch haben wir das richtige Atmen zum großen Teil
wieder verlernt. Während Babys noch alle Atem-
räume voll ausschöpfen und bis tief in den Bauch
atmen, beschränken sich Erwachsene in der Regel
auf die Brustatmung.
Dabei wird allerdings nur der obere und mittlere Teil
der Lungenflügel belüftet.

Atmung und Psyche sind eng miteinander
verbunden; im Atem spiegeln sich verschiedene
Seelenzustände wider:
Wer Angst hat, atmet **flach** und **schnell**,
wer wütend ist, atmet **flach ein** und **heftig aus**,
wer Kummer hat, atmet **oberflächlich** und **sprung-
haft**, wer im Stress ist, atmet **viel ein** und **zu wenig
aus**.

Umgekehrt kann der Atem aber auch heilsam auf
die Psyche wirken.
Ein Prinzip, das sich auch der Chi-Gong-Lauf®
zunutze macht.

Der Atem ist nach Auffassung der traditionellen,
fernöstlichen Medizin,Träger unserer
Lebensenergie.
Meditations- und Atemtechniken nutzen das Atmen,
um die innere Wahrnehmung zu schulen und sich
seines Körpers und auch seiner Emotionen bewusst
zu werden.

Eine „richtige", natürliche Atmung fördert die Leistungsfähigkeit der Organe und verhilft zu innerer Ruhe und Ausgeglichenheit.

Der Rhythmus und die Art und Weise, wie wir atmen, beeinflussen also unser Gehirn, das Nervensystem und die Muskeln.
Wer schnell und flach atmet, verspannt sich und wird ängstlich.
Ist der Atem tief und rhythmisch, signalisiert das dem Körper Entspannung und Kraft.
20 verschiedene Chi-Gong-Lauf® Programme, die je nach emotionalem Zustand unter Zuhilfenahme des Atmens beruhigen, beleben, aufheitern oder anregen.
Eins von ihnen führt zum Zustand „innerer Gelassenheit".
Sie können es selbst für sich ausprobieren.

Der Chi-Gong-Lauf ist in drei Phasen unterteilt.

Ich kann diesen so in mein tägliches Leben
integrieren.
Bespiel: auf dem Weg zur Arbeit ...
Bevor Sie losgehen, den ersten Teil (1)
umsetzen.
Dann den zweiten Teil den Adlerwalk (2) ...
Wenn Sie am Ziel angekommen sind den mittleren
Teil (3) ...
Und auf dem Nachhauseweg wieder den Adlerwalk
(2) ...
Zuhause angekommen den Abschluss (4).

1.   (1) Phase vor dem Laufen
       Entspannen und Zentrieren

2.   (2) Adlerwalk

3.   (3) Phase in der Mitte

4.   (2) Adlerwalk

5.   (4) Abschluss

1. Phase: Das Aufwärmen

Entspannen und Zentrieren

1.2   Stellen Sie sich aufrecht hin und grätschen

Sie die Beine weit auseinander ca. 1 ½ - facher Schulterabstand.
Strecken Sie die Arme parallel zum Boden aus.
Schließen Sie die Augen und richten Sie die Aufmerksamkeit auf den Punkt zwischen den Augenbrauen.
Atmen Sie für ein bis drei Minuten tief ein und aus.
Dabei ist wichtig, die Zwerchfell- / Bauchatmung.
Das heißt die Schultern heben sich nicht beim Einatmen, sondern der Bauch wölbt sich nach außen.
Kontrollieren Sie das am Anfang am besten vor einem Spiegel.
Beim Ausatmen geht der Bauch soweit nach innen, bis sich keine Luft mehr in den Lungen befindet.
Danach einatmen, also den Atem einfließen lassen, danach kurz den Atem anhalten, ausatmen und die Arme senken.

Wichtig:
Die Konzentration ist immer auf das Ausatmen
gerichtet, das Einatmen ergibt sich automatisch,
sobald Sie den Bauch entspannen.
Denn wenn Sie richtig ausatmen, so dass keine Luft
mehr sich in der Lunge befindet, müssen Sie nur
den Bauch entspannen damit füllt sich die Lunge
automatisch und ausreichend mit Sauerstoff.
Die Füße sind immer im rechten Winkel, also
parallel zum Körper nach vorne ausgerichtet.

Nun noch ein kleiner Tipp:
Wenn Sie die Luft einfließen lassen, legen Sie die
Zunge an den Gaumen, dort befindet sich ein
Akupressurpunkt der gewährleistet, dass Ihr
Gehirn, das Maximum an Sauerstoff bekommt.

1.3 *Mit dem Universum verbinden*

3. Stehen Sie nun aufrecht und stellen Sie die Füße dabei dicht nebeneinander.
(Füße berühren sich).
Strecken Sie die Arme weit über den Kopf und legen Sie die Handflächen zusammen.
Die Augen sind dabei geschlossen und richten sich innerlich auf den höchsten Punkt des Schädels.
Sie atmen lang und tief **und stellen sich dabei vor**, wie sich Licht aus Ihrem Körper über die Kopfmitte hinaus in die Atmosphäre erstreckt.
Versuchen Sie diese Verbindung zur Atmosphäre zu spüren.
Danach ca. ein bis drei Minuten einatmen, halten den Atem kurz an und
senken die Arme beim Ausatmen nach unten.

Einstimmen

1.3   Legen Sie nun die gefalteten Hände vor der
       Brustmitte zusammen.

Die Finger zeigen dabei nach
oben.
Strecken Sie beim Einatmen die
Arme abwechselnd links
beginnend parallel zum Boden
nach links aus, bis der Arm im
90 ° Winkel nach links zeigt.
Die Hände halten Sie dabei
immer im 90-Grad-Winkel nach
oben gestreckt.

1

Dann beginnen Sie mit dem **Ausatmen** und führen
die Hände sanft zur Brustmitte zurück.
Dabei lassen sie den Atem einfließen.
Der rechte Arm bleibt in der Ursprungsposition.
Nachdem Sie diese Übung 4 x nach links und 4 x
nach rechts ausgeführt haben, wieder einatmen, den
Atem kurz anhalten, ausatmen und die Arme
senken.
Achten Sie immer auf die Bauchatmung.
Und beim Einatmen die Zunge an den Gaumen.

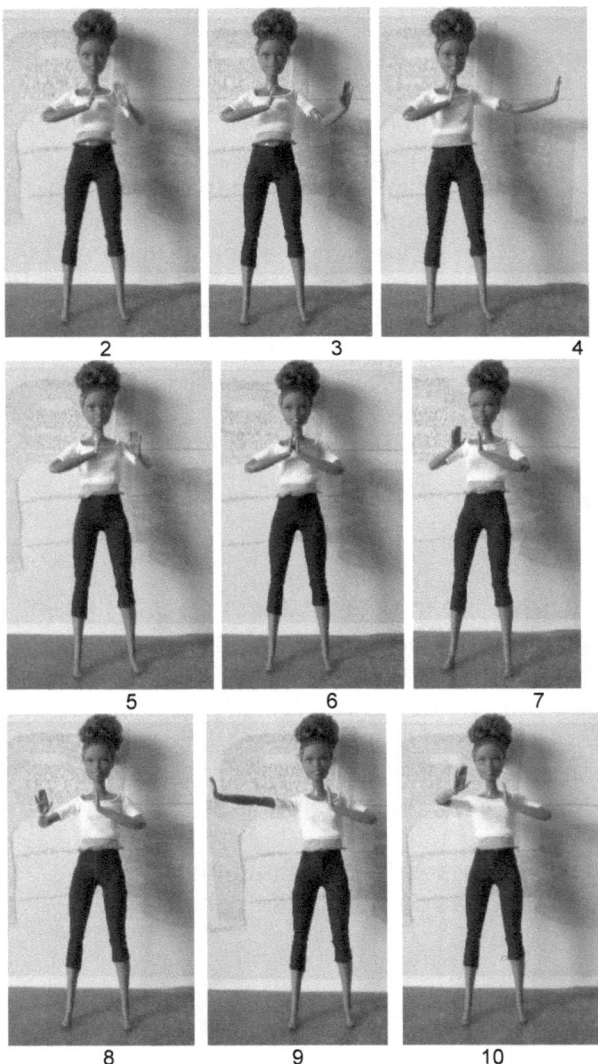

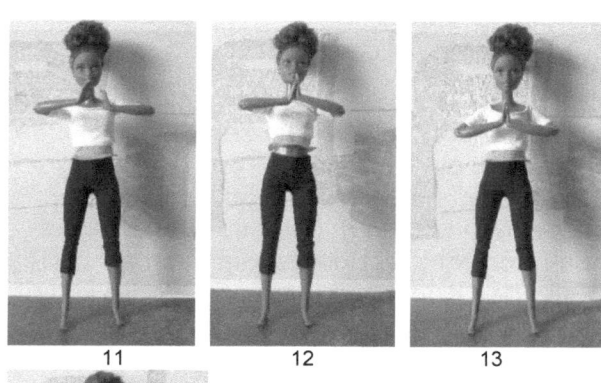

11   12   13

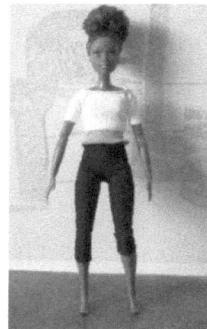

14

Den Körper aktivieren

1.5 Entspannen Sie die Schultern und heben Sie den Brustkorb leicht an. Überkreuzen Sie die Hände – die rechte über die linke Hand – und legen Sie die Handflächen wieder auf die Mitte des Brustkorbes. Den Kopf beim Einatmen nach **links drehen**, beim Ausatmen **nach rechts.** Bringen Sie nach ein bis drei Minuten den Kopf beim Einatmen wieder in die Mitte. Dann einatmen, kurz den Atem anhalten, ausatmen und die Arme senken. Nehmen Sie den inneren Frieden und Ihre Zentriertheit wahr.

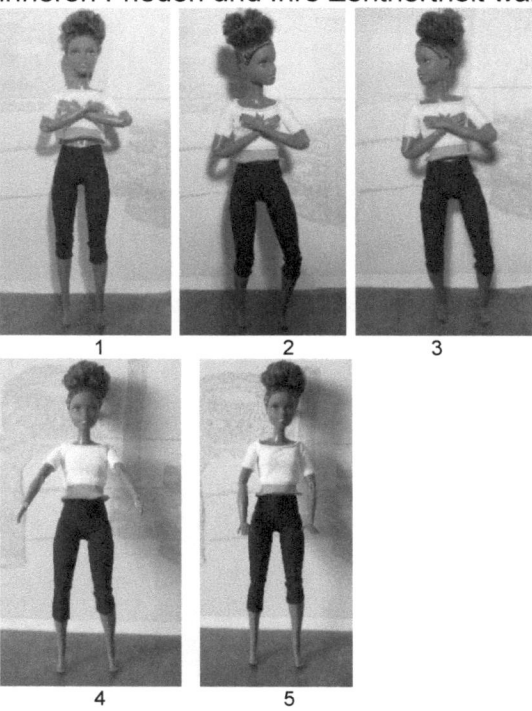

1   2   3

4   5

2. Phase: Laufen - *Der Adlerlauf*

Adlerlauf für innere Gelassenheit
Atmen im Viervierteltakt.
Bei den ersten drei Schritten atmen Sie in drei Teilen durch die Nase ein.
Teilen Sie dabei Ihren Atem gut ein.
Bei den nächsten vier Schritten atmen Sie durch die Nase wieder aus.
In diesem Rhythmus gehen und atmen Sie weiter.
Dazu berühren Sie abwechselnd die einzelnen Fingerkuppen mit dem Daumen und zählen z.B.: dann 1. 2. 3. usw..

Der „Adlerlauf oder Adlerwalk" setzt sich aus einem natürlichen Rhythmus des Gehens und einem einfachen Atemmuster zusammen, die miteinander kombiniert werden. Einfach mit den ersten drei Schritten dreimal durch die Nase ein- und mit den nächsten vier Schritten viermal durch die Nase ausatmen – und so weiter. Also 3/4 pro Schritt den Daumen abwechselnd an alle vier Fingerkuppen drücken.

Wechseln Sie dann **nach drei Minuten** in einen entspannten Atem-Rhythmus.
Dann mit entspanntem Atem **fünf** Minuten normal weitergehen.
Wichtig: Bevor Sie in eine höhere Stufe gehen wiederholen Sie diesen Rhythmus 3/4 so lange, bis es für Sie selbstverständlich erscheint.
Dann bei 4/5 … usw.

(Chi-Gong Teilnehmer fällt es leicht hier den richtigen Rhythmus zu finden).

Dann wieder mit dem „Adlerwalk" (beim Gehen jetzt in vier Segmenten ein- und in fünf Segmenten ausatmen) (4/5) beginnen und fünf Minuten weitermachen.

Danach fünf Minuten entspannt weiter walken. Das dritte und letzte Intervall besteht aus **zehn** Minuten „Adlerwalk" und zum Abschluss fünf Minuten normales Atmen.

Wenn ich diese Übungen mindestens eine Woche regelmäßig (täglich) umgesetzt habe, kann ich meine Ausatemphase um einen Schritt verlängern. Also 4 Schritte einatmen und 6 Schritte ausatmen.

Beginnen Sie immer mit 3/4 und verharren dort so lange, bis es sich normal anfühlt.
Dann erst steigern Sie sich auf 4/5. 5/6. usw.
Achten Sie auch auf die regelmäßigen Pausen von mind. 5 Minuten.
Dann nach 5 Minuten wieder Adlerwalk 4-Schritte ein und 5 Schritte ausatmen, die 5 Minuten Pause des normalen Atmens einhalten.
Dann nochmals 5 Minuten 4 / 5 und mit einer 5-minütigen Pause beenden.

| 3 Minuten Adlerwalk | 5 Minuten Pause | 5 Minuten Adlerwalk | 5 Minuten Pause | 10 Minuten Adlerwalk | 5 Minuten Pause |

Start: Ende:

Pausen = entspannt weiterlaufen und sich nicht auf die Atmung konzentrieren.

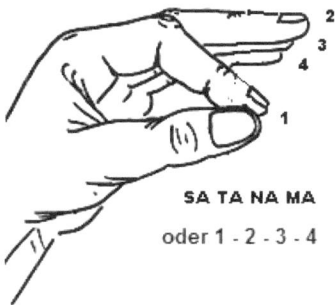

SA TA NA MA

oder 1 - 2 - 3 - 4

3. Phase: Abschließen

Nachdem Sie den Adlerwalk beendet haben, oder am Ziel angekommen sind, machen Sie mindestens drei entspannende Dehnungsübungen.

3.1   <u>Zum Himmel strecken</u>

Gehen Sie in die Grundstellung des Chi-Gongs.
Füße maximal 2 Fuß Abstand.
Leicht in die Knie gehen und Pobacken gespannt
halten.
Atmen Sie tief ein und führen Sie die Arme über den
Kopf.
Halten Sie dabei die Handflächen nach oben und
strecken Sie die Finger nach hinten.
Die Streckung einige Sekunden halten.
Ausatmen und dabei die Arme erst etwas nach
hinten, dann seitlich hinunterführen.
Jetzt den Atem kurz anhalten und die Handflächen
nach unten drücken.
Die Wirbelsäule dabei aufrichten und aus der
Grundstellung in eine gestreckte Haltung gehen.

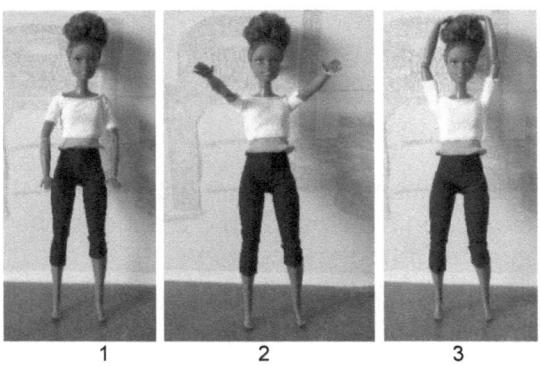

    1   2   3

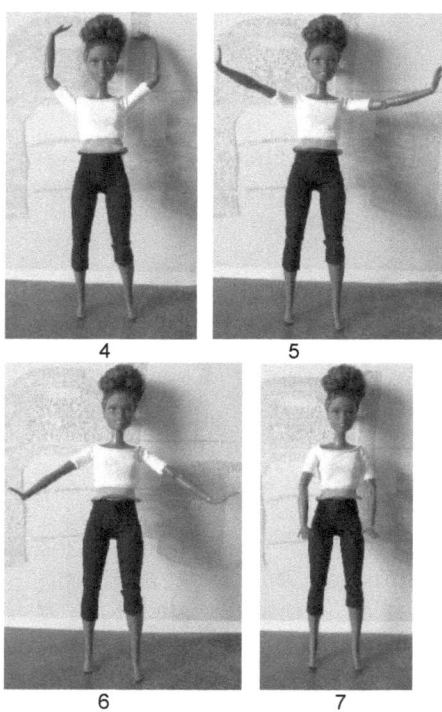

4

5

6

7

3.2   Die Flügel ausbreiten

 Sie stehen gerade, Füße maximal eineinhalb Fuß Abstand.
Im Stehen die Hände zum indischen Gruß vor die Brust führen (Handflächen aneinanderhalten).

(Beten)
Einatmen und einen Arm seitwärts schwingen.
Die Handflächen zeigen dabei nach oben, der Kopf und der Oberkörper schwingen etwas mit.
Mit dem Kopf den Händen folgen.
Die Position kurz halten, ausatmen und zurück in die Ausgangsposition bewegen.
Die gleiche Bewegung mit dem anderen Arm wiederholen.
Wie immer **links beginnen**.
Wichtig ist bei allen Übungen, erst wenn alle Luft vollständig ausgeatmet ist, in die nächste Stellung gehen.

1   2   3

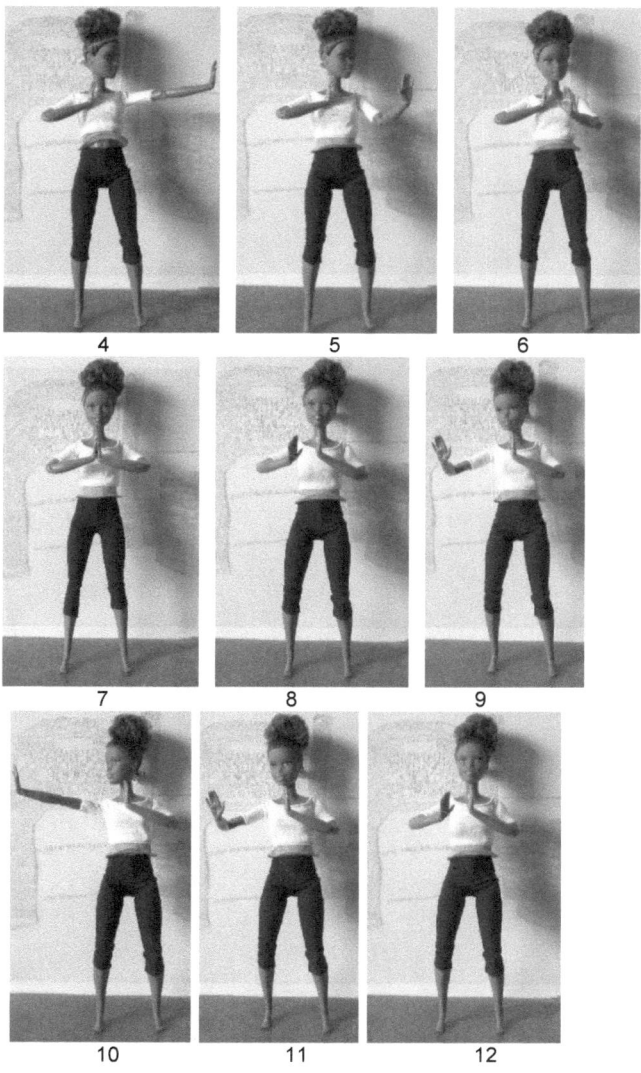

4

5

6

7

8

9

10

11

12

13

3.3   Die Flügel ausbreiten 2

Die Übung mit **beiden** Armen gleichzeitig nach außen durchführen.
Dabei bleiben der Oberkörper und der Kopf gerade
ausgerichtet und die Arme soweit strecken, wie
möglich.
Jeden Bewegungsablauf achtmal wiederholen.

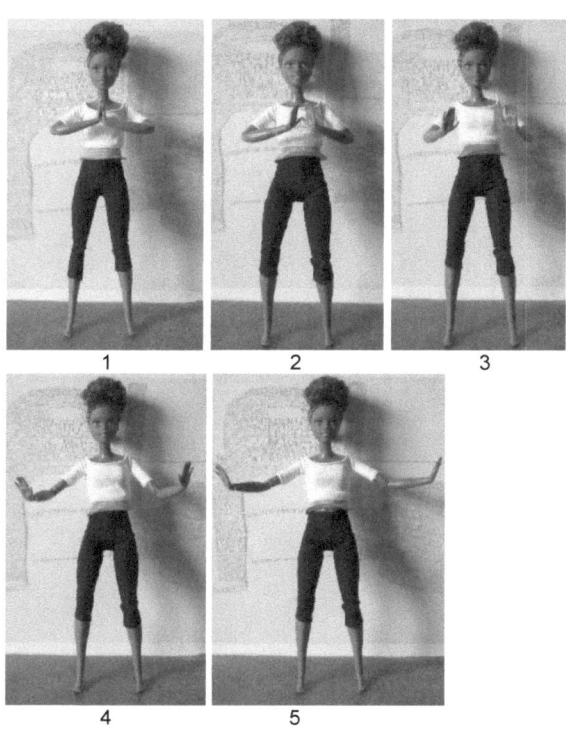

1   2   3

4   5

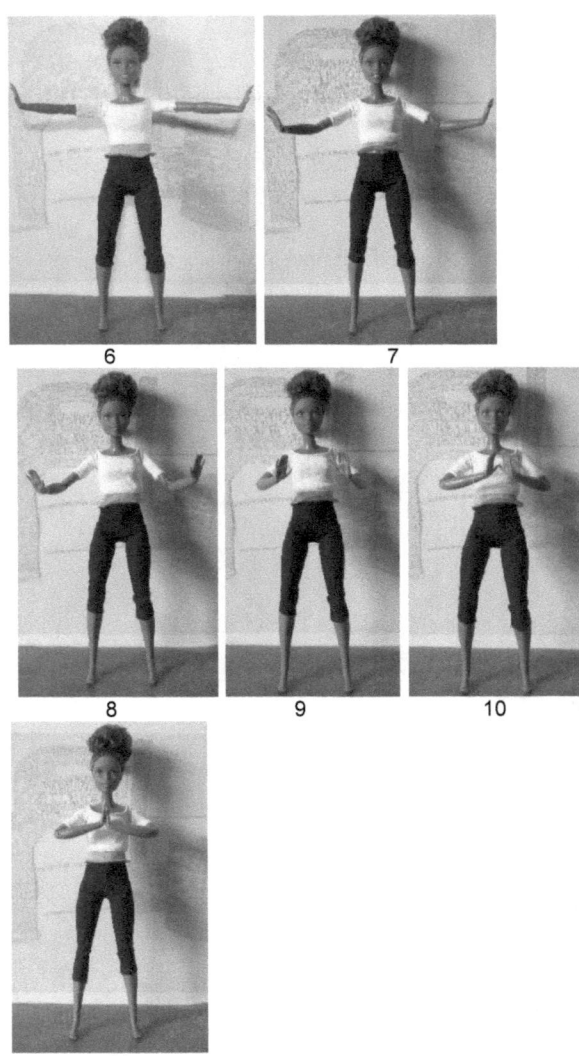

6

7

8

9

10

11

3.4   Die Erde begrüßen

Im Stand die Beine spreizen.
ca. 1 ½ -facher Schulterabstand.
Lassen Sie die Arme vor dem Körper hängen und
gehen Sie dabei in die Hocke, gleichzeitig beim
Runtergehen ausatmen.
Verschränken Sie dabei die Hände fest, wie zu
einem Gebet.
Und richten sich wieder auf mit den verschlossenen
Händen, die Sie weit vom Körper weg strecken.
Dabei atmen Sie ein (fließen lassen).
Die Arme immer weiter hoch über den Kopf strecken
und den Körper dabei vollkommen aufrichten und
dort in der gestreckten Position kurz verweilen.
Nun schwingen Sie wieder die geschlossenen
Hände weit vor dem Körper nach unten und gehen
dabei gleichzeitig in die Hocke.
Dabei weiter Ausatmen und die Hände weit, durch
die gestreckten Beine nach hinten schwingen, so-
weit es der Körper zulässt.
Danach wieder aufrichten dabei Einatmen und die
Hände wieder hoch über den Kopf führen.
Die Übung achtmal wiederholen.

1 2 3
4 5 6
7 8 9 10

11

3.5　Den Himmel stemmen

Chi-Gong Grundstellung: Beine und Füße parallel
zum Körper, Pobacken gespannt.
Einatmen und beide Hände gehen von unten nach
oben bis zur Brust, die Fingerspitzen berühren sich.
Dann Ausatmen und gleichzeitig dreht sich die linke
Hand nach oben und der linke Arm streckt sich zum
Himmel, der rechte Arm geht gleichzeitig nach un-
ten, bis **beide Arme** richtig gestreckt sind.
Die Handfläche oben zeigt immer nach oben und die
Handfläche unten zeigt immer nach unten.
Der Blick folgt immer von der Brust der Hand nach
oben.
Wie bei allen Übungen immer links beginnen.
Jetzt wieder die Handflächen wenden und bis zur
Brust zusammenführen und einatmen.
Wenn die Hände in der Höhe der Brust sind, geht
jetzt die rechte Hand nach oben und die Linke nach
unten und Sie atmen aus.
Die Übung achtmal wiederholen.

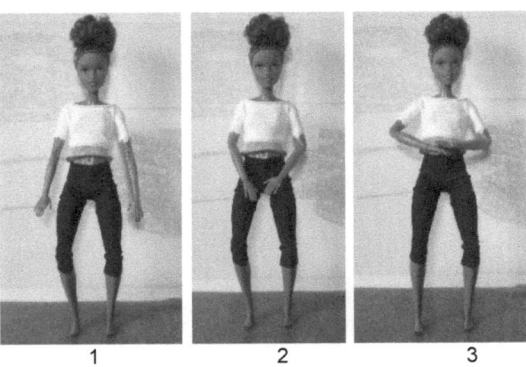

1　　　　　2　　　　　3

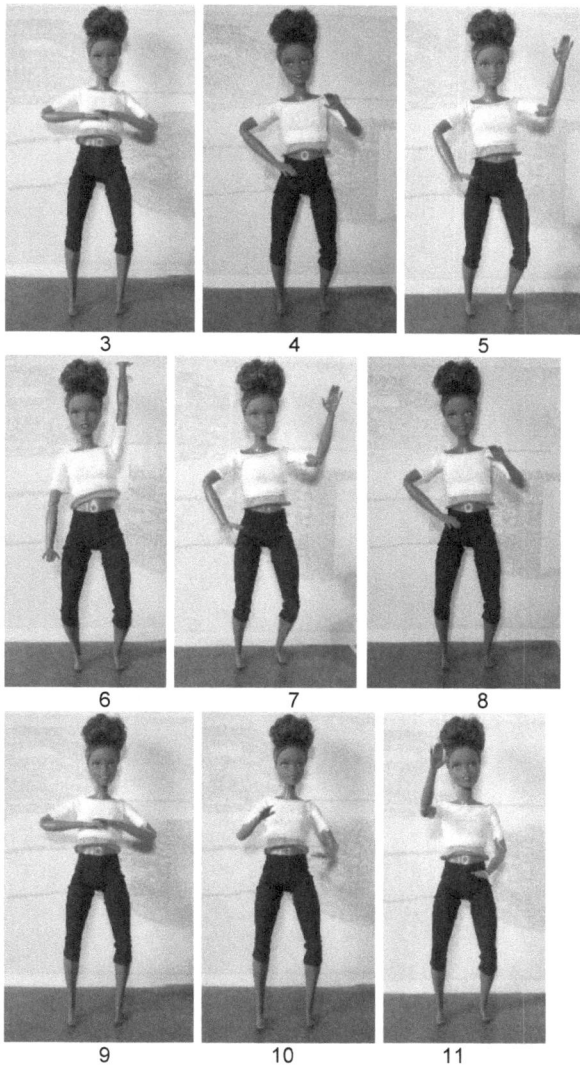

3

4

5

6

7

8

9

10

11

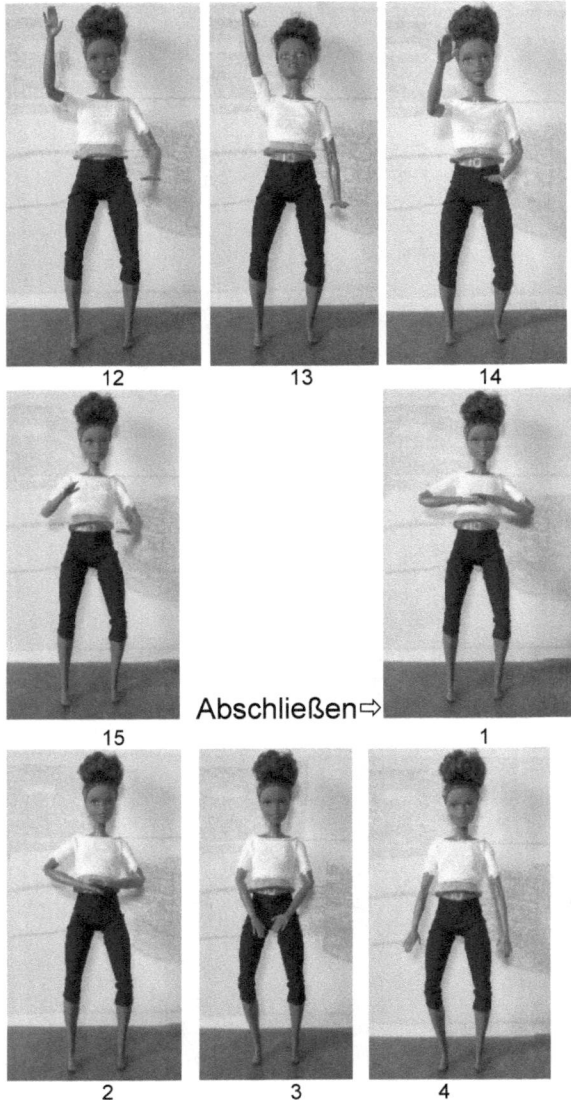

12

13

14

15

Abschließen⇨

1

2

3

4

4.1   Nachfühlen

Legen Sie die Hände auf das untere Dantian.

Stellen Sie sich die Oberfläche Ihrer Haut vor.
Fühlen Sie den Atem Ihrer Haut.
Malen Sie sich aus, wie sich Ihre Haut ausdehnt und
eine Blase formt, die Sie umgibt.
Beim Einatmen wird die Blase größer, beim
Ausatmen zieht sie sich zusammen.
In dieser Blase nehmen Sie die Umgebung wahr.
Jetzt tief einatmen, den Atem anhalten und die
Blase, soweit Sie können, gedanklich vergrößern.
Nach zehn Sekunden durch den Mund ausatmen
und dabei die Blase, in die Unendlichkeit, explodie-
ren lassen.
Nun einen Moment ganz still nachfühlen.
Danach die Arme nach oben strecken.
Entspannen.

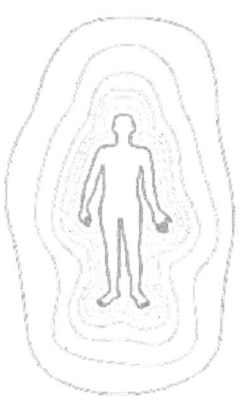

4.2   Nachfühlen 2

Alternativ können Sie auch eine **stehende Meditation ausführen.**

Eine gesamte Übung schließt man am Ende mit einer stehenden Meditation ab.

Stellen Sie sich in die Grundstellung:
Dieses Mal ohne die gespannten Pobacken.
Schulterbreiter Stand.
Legen Sie beide Hände auf Ihr Dantian und entspannen Sie sich.
Die Hände sind locker übereinadergelegt, die Daumen berühren sich leicht und in der Mitte der Handöffnung liegt der Nabel.

Es ist vollkommen egal, wie Sie ihre Hände übereinanderlegen, folgen Sie einfach Ihrem Gefühl und somit machen Sie es immer richtig.

Lassen Sie den Kopf auf die Brust fallen und suchen Sie mit Ihrem Kopf eine bequeme Haltung.
Schließen Sie die Augen.

Atmen Sie bei Bedarf nochmals kräftig ein und aus und beginnen
dann mit dem entspannten Atmen.
Spüren Sie den Atem, wie er fließt.
(Sie müssen sich auch vorstellen, dass bei jedem Ausatmen, alles Negative Ihren Körper verlässt.)

Während der gesamten Übung die Augen geschlossen halten und vorstellen, wie Ihr Kopf und Ihre Schulter immer leichter werden.

Atmen Sie jetzt ruhig und entspannt, stehen Sie ganz locker und spüren Sie den festen Boden, der Sie trägt.

Sie sind jetzt Eins mit dem Boden, der Sie trägt.
(Sprechen Sie jetzt die ganze Zeit mit Ihrem Unterbewusstsein: der Boden hält mich fest und sicher…).

Der Körper wird immer leichter, leichter und leichter.

Sobald Sie die Entspannung im ganzen Körper spüren, konzentrieren Sie sich auf Ihre Füße.

Die ganze Konzentration liegt jetzt nur noch auf Ihren Füßen.
Und Sie spüren den Boden, der Sie trägt.
Spüren Sie, wie die Füße schwerer und schwerer werden.
Spüren Sie, wie Sie sich weiter und weiter entspannen.
(Meist hat man das Gefühl, dass die Füße einsinken in den Boden, dann haben Sie alles richtig gemacht.)

Verharren Sie in dieser entspannten Stellung ca. 2 Minuten danach kommen Sie langsam wieder zurück und öffnen die Augen.

Die Übung ist erst perfekt, wenn Sie spüren, dass Sie leichter werden.
Wenn Sie spüren, dass Ihre Füße schwerer werden.
Wenn der Körper nach und nach sich entkrampft.
Und wenn Sie danach eine innere Ruhe finden.
Manchmal spürt man dies erst nach dem zweiten oder dritten Mal.

Viel Spaß bei der Umsetzung wünscht Ihnen

Friedel Scheede
Business Chi-Gong Master Trainer

PS: Sollten Sie noch Fragen oder Anregungen haben so lassen Sie es mich wissen.

Begriffe / Erklärungen

Wichtig:

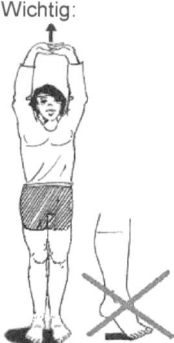

Bei allen stehenden Übungen die Füße immer parallel zum Körper und die Füße niemals heben.

Grundstellung

Leicht in die Knie gehen (je tiefer desto effektiver) und den Rücken aufrecht halten.
Fersen, Po und Rücken bilden eine senkrechte Linie.
Füße etwa zwei Fußbreit Abstand.

1 ½ - facher Stand

Füße stehen etwa 1 ½-fach der Schulterbreite auseinander.

Oft wird bei dieser Stellung nur der Oberkörper bewegt.

Begriffe / Erklärung

Die Bedeutung des Mantras **Sa-Ta-Na-Ma**:

Sa - Geburt, Beginn;
Ta - Leben;
Na - Tod;
Ma - Wiedergeburt, Auferstehung.
Alternativ zählen Sie auf vier.

Qi = Chi

(qì, *Ch'i*), in Japan als *Ki* und in Korea als *Gi* bekannt, bedeutet übersetzt Energie, Atem oder Fluidum.

Es nehmen, v.a. in Asien, verschiedene Religionen auf diese „metaphysische Energie" Bezug und der daoistische Philosoph Zhuangzi war der erste, der schrieb, der Kosmos bestehe aus Qi, Qigong, Chi-Gong, Ki-Gong, Gi-Gong haben alle die gleiche Bedeutung.

Dantian

Das Dantian ist ein Energiezentrum unterhalb des Nabels.

Vor seiner Geburt wurde jeder Mensch durch die Nabelschnur versorgt.

Nach der Geburt bleibt dieser Bereich ein wichtiger Teil des Körpers, wird aber von den meisten Menschen vernachlässigt.

Das Dantian ist das Zentrum des Körpers, der Atmung, der Energie: und somit der Ausgangspunkt
für Gesundheit und ein langes Leben. „Dan" ist eine
Bezeichnung für Zinnober, dass früher nur mit
schwierigen geheimen Verfahren gewonnen werden
konnte, und für wertvolle Arznei verwendet wurde.
Dantian drückt also die Bedeutung aus, dass das
dort gesammelte Qi nach Ansicht der Daoisten und
der inneren Alchemie für die Gesundheit und für die
Verlängerung des Lebens hat.
Gleichzeitig ist das Dantian eine Bewegungsachse
Eine Qigong-Übung, ohne das danach die Energie
im Dantian gesammelt wird, ist eine verlorene Qigong-Übung!

Wer tiefer in die Praxis des Qi-Gong vordringt, der
kennt drei Dantian: das oben besprochene Dantian,
ein mittleres Dantian in der Brust und ein oberes
Dantian zwischen den Augenbrauen.
Wo das eigene Dantian genau liegt, kann man nur
selber spüren - man kann es nicht mit dem Lineal
ermitteln.

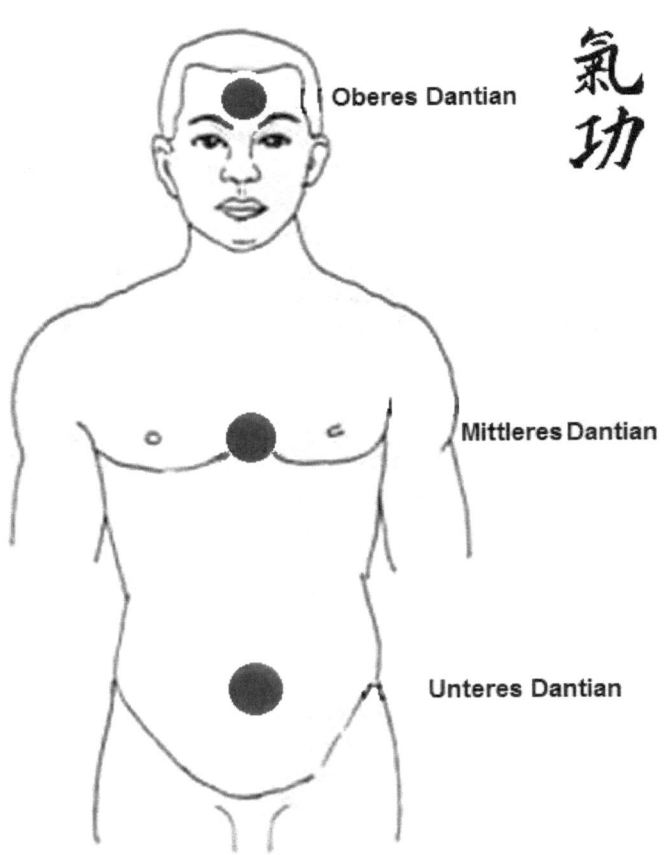

Oberes Dantian

Mittleres Dantian

Unteres Dantian

氣
功

Meditation

im Tai-Chi, Qi-Gong, Yoga und Zen.
Jeder meditiert jeden Tag.
Im Sitzen genauso wie beim Laufen.
Meditation aber bedeutet, diesen Kontakt mit dem
Unterbewusstsein bewusst herbeizuführen und zu
lenken, um dem Bewusstsein inneren Frieden zu ge-
ben und dem Körper Entspannung - und um sich auf
geistige und körperliche Arbeiten einzustimmen.

Übungen im Tai-Chi, Qi-Gong, Yoga und Zen sind
immer Übungen in Meditation.
Das Wort Meditation stammt von den lateinischen
Worten *medius = die Mitte* und *meditatio = Nach-
denken* ab.
Meditation wird von Vielen geübt, um den Bewusst-
seinszustand zu verändern, und von Einigen sogar
für die Erleuchtung.

Meditation ist Konzentration auf einen Gegenstand
oder eine Tätigkeit, allerdings eine absichtslose
Konzentration.
Es gibt verschiedene Arten von Meditation wie z.B.
Autogenes Training.
Meditieren ist heute selbstverständlich für den Dalai-
Lama oder erfolgreiche Menschen wie Manager,
Fußballer u.v.m.

Stehend oder sitzend

Tantra

Der Begriff „Tantra" bezieht sich auf bestimmte hinduistische und buddhistische Schriften oder die in ihnen beschriebenen Rituale und Praktiken.
Sie befassen sich vor allem mit Meditationstechniken und Ritualen sexueller Natur.

Tai-Chi

auch **Taijiquan** genannt, auch **Tai-Chi Chuan**, kurz:
Tai-Chi oder **Schattenboxen**, ist eine im Kaiser-
reich China entwickelte Kampfkunst, die heutzutage
von mehreren Millionen Menschen weltweit praktiziert wird, und damit zu den am häufigsten geübten
Kampfkünsten zählt.
Sie diente dazu, das Volk auf einen möglichen Krieg
vorzubereiten und um jederzeit bereit zu sein.
Wir würden heute dazu Wehrdienst sagen.

Man übte das Schwert zu führen, meist ohne, das
man etwas in der Hand hatte.
Manchmal wurde auch ein Holzstab genutzt der das
Schwert ersetzte.
Erst wenn man perfekt war wurde der Holzstab
durch ein Schwert ersetzt.

Die Übungen bestehen aus weit über 2000 Figuren,
die meist nur schwer oder sehr langsam erlernbar
sind.
In China werden einzelne Bewegungsabläufe (sogenannte Formen) aus dem Taijiquan als Volkssport
noch heute praktiziert.
Ursprünglich gehört Taijiquan die sogenannte innere
Kampfkunst, zum bewaffneten oder unbewaffneten
Nahkampf.

Vor allem in jüngster Zeit wird es häufig als System der Bewegungslehre oder der Gymnastik betrachtet, welches der Gesundheit, der Persönlichkeitsentwicklung und der Meditation dienen kann.
Der eigentliche Zweck, die Kampfkunst tritt vor diesem Hintergrund immer häufiger zurück und verschwindet bisweilen ganz.

Reiki

Wie ihre Gegenstücke in der traditionellen, chinesischen Medizin (TCM), glauben die Anwender von Reiki, dass Gesundheit und Krankheit
eine Angelegenheit von blockierter Lebensenergie sind. Reiki ist keine Naturheilkunde und hat nichts mit „Jahrtausende alten fernöstlichen Heil-methoden" zu tun und selbst wenn, ist Alter
noch lange kein Indikator für Wirksamkeit.

Kristalle

Seit Jahrhunderten sind Kristalle und andere Schmuckstücke wegen ihrer angeblichen magischen Heilkräfte und ihrer mystischen, paranormalen Eigenschaften begehrt.

Dieser Glaube lebt heute in Okkultisten und New Age-Heiler fort, obwohl er auf nichts anderem basiert, als Bezeugungen, **Placebo-Effekt**, selektivem und Wunschdenken, dem Forer-Effekt, sympathischer Magie und gegenseitiger Verstärkung.

Es gibt keine wissenschaftlichen Belege dafür, dass Kristalle magische Energie liefern, die zur Heilung, Schutz oder Zukunftsschau verwendet werden könnten.

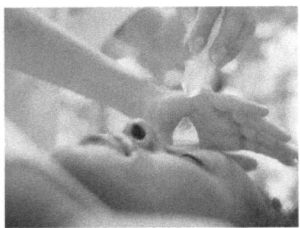

Feng-Shui

(ausgesprochen „fong schuä"; wörtliche Bedeutung ist *„Wind Wasser"* und ist Teil einer alten chinesischen Naturphilosophie.

Feng-Shui wird oft mit einer Art von Geomantie gleichgesetzt - Hellsehen mittels geographischer Gegebenheiten - befasst sich aber vor allem mit dem Verständnis des Verhältnisses zwischen der Natur und uns, um das Leben in Harmonie mit unserer Umwelt zu ermöglichen.

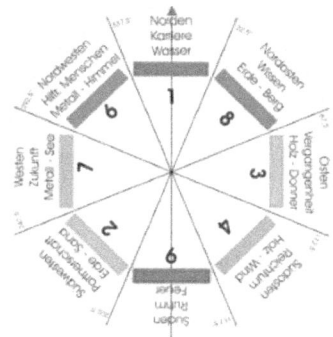

Chakra

Gemäß der Philosophie ist ein Chakra ein Energie-
punkt im menschlichen Körper.
Es gibt sieben Chakren, einen für jeden der sieben
Körper,
die wir angeblich besitzen.

Will man einigen erleuchteten Menschen glauben,
so haben Chakren eine Farbe und erzeugen Auren,
die die eigene geistige und körperliche Gesundheit
und das eigene Karma anzeigen.
Die behauptete Energie der Chakren ist jedoch nicht
wissenschaftlich messbar und ist bestenfalls eine
metaphysische Chimäre und schlimmstenfalls ein
anatomischer Irrtum.

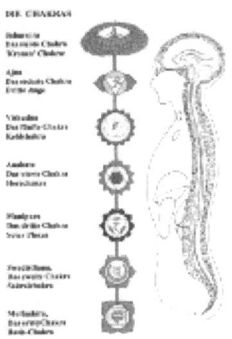

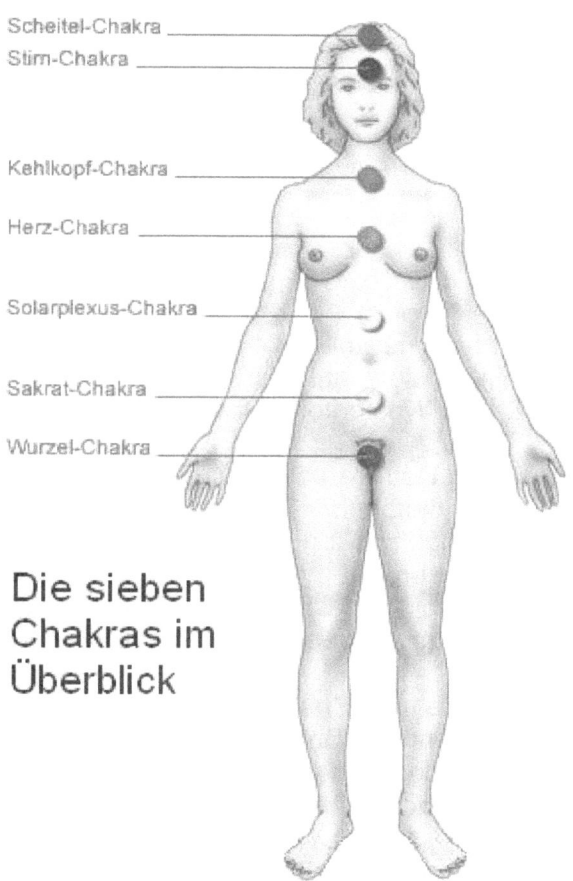

Scheitel-Chakra

Stirn-Chakra

Kehlkopf-Chakra

Herz-Chakra

Solarplexus-Chakra

Sakrat-Chakra

Wurzel-Chakra

Die sieben Chakras im Überblick

Die Geschichte des Chi-Gong:

So wie die chinesische Kultur die älteste Menschheitsgeschichte darstellt, hat auch die Medizin in China eine für den Westen oft unfassbar lange Tradition.
So sind Chi-Gong Übungen aus der Zeit um ca. 2700-2500 v.Chr. bekannt.
Erste Aufzeichnungen gehen auch auf den legendären gelben Kaiser zurück.
Auf die Zeit der Zhou-Dynastie (1100-771 v. Chr.) zeigen Bronzetafeln, auf denen Chi-Gong Übungen beschrieben sind.
Früher bezeichnete man Chi-Gong auch als Yang Xing (das Lebensprinzip nähren).
Ca. 600 v. Chr. haben chinesische Ärzte Chi-Gong erstmals, nachweislich in ihre therapeutische Praxis einbezogen.
Konzept und Grundlage des Chi-Gong entstand vermutlich zur gleichen Zeit, wie die Theorie von Yin und Yang, Wu Chi und Qi. Gleichzeitig entstand die Theorie der 3 Kräfte:
Himmel (Tian), Erde (Di) und Mensch (Ren).
Die Beziehung dieser drei Kräfte untereinander ist eine der Hauptaspekte des Chi-Gong.
In der Zeit zwischen 200-400 n. Chr. kommt der

Buddhismus nach China. Er nimmt die taoistischen Chi-Gong Theorien auf und bereichert sie um die buddhistisch-indische Tradition.
Zu dieser Zeit wird in fast allen buddhistischen und taoistischen Schulen Chi-Gong gelehrt.
Der Sinn des Chi-Gong ist nicht mehr auf seine rein medizinische Wirkung beschränkt, sondern man strebt mit seiner Hilfe auch den Pfad der Erleuchtung an.

Es wandelt sich also zu einem System, welches nun auf Körper, Geist und Seele wirkt.
In der Zeit zwischen 520-550 n. Chr. erreicht Boddhidharma, der 28. Patriarch des Buddhismus China.

Er entwickelt im Shaolin Kloster den Chan-Buddhismus.
Er begründet in den Jahren seines Wirkens im Shaolin Kloster den Grundstein für das sehr kriegerisch orientierte Chi-Gong des Shaolin Tempels (Shaolin Nei Gong).
Später wurden daraus auch Karate und andere Kampfsportarten entwickelt.

Dadurch vermischt sich das buddhistische und das taoistische Chi-Gong so stark, dass sie heute kaum noch zu unterscheiden, geschweige denn zu trennen sind.
Sinn der Shaolin Übung ist die Vermittlung von mentaler und körperlicher Stärke, Harmonie und Gesundheit.

Während der Zeit der Song-Dynastie (960-1279 n. Chr.) wurden aber in die Kampfsysteme der Shaolin immer mehr Chi-Gong-Elemente eingebaut, so das schließlich die gesamten Kampfkünste der Shaolin, fast vollständig auf Chi-Gong Systemen ausgerichtet sind.
Wobei die Urform des Chi-Gong nur Kaiser / innen und Könige / innen vorbehalten war.
Denn die Gesundheit, Energie und Kraft wurde höher gehütet, als der Kaiserschatz.

Spezielle Formen des Chi-Gong waren noch bis vor 30 Jahren unter Androhung der Todesstrafe, verboten diese außer Landes zu bringen.

Datum: Übung: Veränderung: ☹ ☺

Datum: Übung: Veränderung: ☹ ☺

Datum: Übung: Veränderung: ☹ ☺

Datum: Übung: Veränderung: ☹ ☺

Datum: Übung: Veränderung: ☹ ☺

Datum: Übung: Veränderung: ☹ ☺

Datum: Übung: Veränderung: ☹ ☺

Datum: Übung: Veränderung: ☹ ☺

Wie Du am Ende Deines Lebens wünscht,
gelebt zu haben,
so kannst Du jetzt schon leben.

Marc Aurel

Der schnellste Weg zum Glück

Finde etwas für dich,
das dir Freude macht.
Lass die Dinge los, die dich verletzen.
Und verbringe Zeit
mit den Menschen, die dir gut tun.

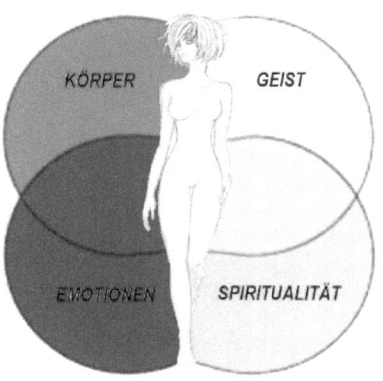

KÖRPER

GEIST

EMOTIONEN

SPIRITUALITÄT

Zeitfracht Medien GmbH
Ferdinand-Jühlke-Straße 7
99095 Erfurt, Deutschland
produktsicherheit@kolibri360.de